Du behöver inte skrika hela tiden och upprepa samma sak. Jag är redan på väg, men ge mig lite tid! Kanske tar det 9 dagar, kanske 9 månader – du vet, som en gravid kvinna som väntar på förlossning – eller till och med 9 år. Eller varför inte 90 år? Allt beror på läget, som sagt. Jag vet att du inte är så förtjust i mig här, och jag förstår att du har jobbat hårt. Jag vet också att vi har ställt till det i ditt land. Vi är inte blinda, vi har också ögon och ser vad du ser. Under många år har jag funderat på att åka tillbaka till mitt hemland. Men de där som bor där... De är inte alltid så trevliga. Ibland tar de emot mutor och låter dig bo där i två eller tre månader. Vill du stanna längre? Tja, då får du betala mer eller bli spion i Sverige eller Europa. Och ibland är de verkligen inte snälla. De avrättar dig, men inte för att du inte har råd att betala – utan för att hela världen är i en sån konflikt just nu. Och Sverige, ja, det är ingct undantag.

Om du undrar varför de avrättar dig, bara hör av dig. Jag och mina landsmän skulle vara väldigt tacksamma för denna fantastiska upptäckt.

Allt har sin tid, min vän. Jag kan inte bara ta fram en vass kniv och göra ett kejsarsnitt – det är farligt. Den dagen kommer när det är dags. Då tycker jag att du kan vara tyst och låta saker falla på plats. Jag vet att du är trött och har hört och sett mycket skit, men jag kan inte göra mirakel. Och förresten, en stor del av oss har nog av misstag skaffat barn. Om det bara hade varit ett barn, ja då hade det kanske varit lättare att bara flytta hem. Tyvärr ser många sina barn som en slags investering – och vet du vad? De har faktiskt lyckats. Vilken idiot jag var som hela tiden letade efter en svensk tjej! Jag kunde ha hämtat någon från mitt hemland och tjänat en förmög2enhet. Snacka om att vara dum! Om jag hade haft de här nya insikterna

då, hade livet varit så mycket enklare idag. Men jaja, skit samma.

Ärligt talat, jag är på väg att bli en del av dig. En enkel rasist. Ja, du hörde rätt. Ibland – okej, ganska ofta – känner jag mig som om jag vore på en helt annan planet och önskar att alla som ser ut som jag försvann ur mina ögon. Det känns som att jag inte orkar med den höga kriminaliteten i vårt lilla, isolerade land som kallas Sverige. Förr var det ju så lugnt och fint här. Ni tog hand om barnen och familjerna, njöt av livet utan några större bekymmer. Nu? Nu handlar allt om oss invandrare. Jävla invandrare, alltså. Nej, skämt åsido, men på riktigt – jag känner mig inte längre trygg här i detta gamla, fina land.

För några år sedan, efter att ha pluggat på om Sverige och språket, var jag totalt pank. Det var då jag bestämde mig för att byta spår. Jag började köra taxi. Det var en resa – bokstavligt talat. Vissa turer var fantastiska, när snälla och trevliga personer åkte med mig. Men såklart, som allt annat i livet, kan det plötsligt slå om.

En gång fick jag en gigantisk kille som kund. Han satt sig bredvid mig, som om vi var bästa vänner, och sa: "Torslanda." Ja, du hörde rätt, Torslanda! För mig var det som att han sa: "Hälsingland" eller något lika exotiskt, men ändå var det så långt från Göteborg att jag kände mig som en turist i mitt eget land. När han började prata svenska, då insåg jag – en annan sorts invandrare. En av de osynliga invandrarna. De som ser ut som svenskar men inte riktigt är det.

Och vet du vad? Jag kanske borde ha googlat Torslanda istället för att få en kniv i halsen. Ja, för mitt i natten, mitt ute i ingenstans, med absolut ingen människa i sikte, drog han fram en enorm kniv från sin vänstra arm. Den var så stor att jag nästan ville ge honom en

applåd för presentationen. Och så började han leka med kniven. Ärligt talat, det var så nära att jag kissade på mig där och då. Vad skulle jag göra? Bromsa tvärt och kasta mig ut ur bilen? Nä, det var en dum idé. Jag var helt klart chockad.

Så säger han: "Jag ska inte betala något, har du något emot det?" Och här har han alltså en stor kniv nära min hals. Hela min kropp började darra. Jag svarar: "Nej, absolut inte, min vän. Jag kör bara." Och han bara: "Bra", och stoppar kniven tillbaka. Så mycket för min taxi-karriär. En sak jag inte riktigt fattar är varför folk som har svenska som andraspråk plötsligt glömmer bort språket i vissa situationer!

Där stod han, hoppade ur bilen och pekade på bilkameran som om det var en brottsplats. Jag, helt mållös, visade med händerna: "Inget kommer att hända." Så jag körde direkt till Göteborg och parkerade bilen under de där starka gatulamporna. Jag tog fram mobilen och ringde 112. Och vet ni vad polisen sa? "Du kan anmäla händelsen, men vi har viktigare grejer att ta itu med." Och där, mitt i allt kaos, förändrades min karriär för alltid.

Jag hade fått nog. "Jag ska köra buss istället", tänkte jag några månader senare. Så jag tog körkort och började  jobba i stad. Buss nummer 25 blev min favorit. Den var lång, vilket gjorde att tiden flög förbi. Och bästa delen? Jag behövde inte byta buss på kortare sträckor! Allt var så bra, så skönt. Jag kunde stanna vid sista hållplats, ta en kopp kaffe eller kanske en liten smörgås. Det var som en paus i livet.

Att studera folk är ett av mina stora intressen. Hur klär de sig? Hur bor de egentligen i sina gigantiska rätblock till villor? Har ni förresten lagt märke till att

Sveriges folk är en spegelbild av sina hus? Fyrkantiga, med precis rätt höjd, rätt bas och perfekt bredd – alltid i en 90-graders vinkel, som om hela livet designats av en arkitekt med linjal och vattenpass. Men sen händer något... Ge dem lite alkohol, och plötsligt försvinner alla raka linjer! Då är det som om de förvandlas till levande Picasso-målningar – sneda, färgglada och oväntat trevliga.

Jag hade hundratals idéer och tankar på varje tur. Ibland passerade jag en hållplats utan att märka att någon tryckt på stoppknappen. Och det var inte för att jag var distraherad av mitt kaffe, utan för att ni svenska, vackra tjejer drog alldeles för mycket av min uppmärksamhet. Oh my God.

En gång satt jag och funderade på en sak: vissa människor lever på andras skatt, och ändå kör de runt i bilar som är finare än min. Du och jag jobbar och sliter, medan de verkar ha det rätt bekvämt. I biologin skulle man kanske kalla dem parasiter.

Efter en hel del tankekörning – fram och tillbaka som en gammal buss på dåliga däck – insåg jag en sak: de kommer från platser där 'jobb' inte ens är ett koncept. Jobb? Vad är det ens? Är det en slags varelse? Har det armar och ben? Är det vitt som snö? (Inte för att de sett snö heller, för den delen.) För dem är jobb ungefär lika verkligt som enhörningar.

Hela deras liv har de fått mat från internationella hjälporganisationer för att inte svälta ihjäl. Och när de väl hamnar i Sverige, fortsätter vi på samma spår: vi ger, hjälper och delar ut, men lär dem aldrig vad ett jobb faktiskt innebär. Vi matar dem med fisk, men glömmer att lära dem att fiska. Och här står vi, Sverige, ett land som stolt säger sig värna om arbete och ansvar, men som ibland verkar svika sig självt. För om vi inte hjälper folk att lära sig stå på egna ben, sviker vi inte bara dem – vi sviker också oss själva.

Jag fick sparken efter några små "incidenter". Att titta på tjejer och andras liv var tydligen inget som företaget gillade. "Hej då," sa de och vinkade som om vi var bästa vänner. Men jag gav inte upp! Jag är ju en stark man – måste hitta ett annat bussbolag, tänkte jag. Och den här gången skulle jag köra buss i Angered. Om ni inte vet var Angered ligger, så ligger det i Göteborg, men det är inte riktigt som andra platser i Göteborg. För att åka dit behöver du pass. Ha ha! Nästan 100 % invandrare bor där, och kanske 80 % arbetslösa. Det är som en parkour-klass för småbarn, där klättrande i träd och brytande av grenar är daglig sport. Och så har vi den klassiska tävlingen bland invandrarkvinnor – vem får föda flest barn, och vem kan få ut mest cash från kommunen? Eller vänta, jag menade "bidrag" – men de ser det som lön, så varför inte? Deras jobb är helt klart att skaffa barn, och om du har något emot det... ja, då är du tydligen rasist! Och svenskarna är så rädda för att bli kallade rasister att de knappt vågar säga något. Snart kommer invånarna själva att börja kalla Angered för ett självständigt land. Och tro mig, det är inte ens en överdrift. I deras heliga böcker lovas de paradiset. Och här i Angered? Tja, här har tiden stannat. Klockorna går baklänges. Du känner inte ens igen Sverige längre. Så följ med mig, så ska jag berätta ännu fler intressanta saker om det här stället.

Det är ytterst ovanligt att finna en muslimsk grav mitt i en traditionell svensk kyrkogård – och det motsatta gäller också. Inom islam finns tydliga regler för begravningsplatser, och som icke-muslim är du inte välkommen att vila på en muslimsk begravningsplats. Det handlar inte enbart om tradition utan också om en grundläggande skillnad i synen på mänskligt värde. Inom islam accepteras du som icke-muslim inte fullt ut som en "rätt" människa, vilket till och med återspeglas i något så definitivt som var din kropp får vila efter döden.

Detta fenomen, där segregation och skillnader i värderingar kring begravningsplatser existerar, känns märkligt och nästan absurt i ett land som Sverige – ett land som ofta framhåller jämlikhet, integration och ömsesidig respekt. Ändå är det en verklighet. Ett tydligt exempel är Kvibergs kyrkogård i Göteborg, där tydliga gränser mellan olika trosinriktningar kan observeras. Ta en promenad där och se med egna ögon hur tydliga dessa skillnader är. Det väcker frågor om hur vi ser på varandra, både i livet och i döden, och om hur kulturella och religiösa skillnader fortfarande formar vårt samhälle på djupet. Även svenskar kan uppvisa liknande attityder, även om de vanligtvis framträder på ett mer subtilt sätt och sällan har en direkt koppling till tydliga religiösa regler.

Angered är en stadsdel i Göteborg som bär en tung stämpel – klassificerad som ett "utsatt område". När ett område får en sådan stämpel skickas negativa signaler, särskilt till ungdomar. Det kan ge intrycket att de står utanför samhällets regler och därför kan agera som de vill – ignorera lagar, undvika att söka jobb och i vissa fall skapa egna regler. Det förstärker känslan av utanförskap och riskerar att normalisera en parallell kultur där traditionella och religiösa klädesplagg, som hijab, används som symboler för detta avståndstagande. Polisens klassificering kan tolkas som en "grön flagga" för oordning, vilket förstärker problemen. Samhället ger vika och dem blir bortskämda av systemet och förlorar sin känsla av ansvar. Det är här problemen börjar.

Ett annat exempel är skolans hantering. När lärare, i ett försök att vara tillmötesgående, ger extra anpassningar för elever med misstänkta diagnoser som ADHD utan att ställa krav på ansvar och prestation, riskerar de att göra mer skada än nytta. Istället för att hjälpa elever att växa, främjar detta en kultur där barn och ungdomar imiterar diagnossymptom för att få fördelar. Istället för att kämpa och utvecklas, väntar de på att få allt serverat. De blir bortskämda, inte bara av sina föräldrar utan även av skolan och samhället.

Och här ligger en av de största problematikerna – många invandrarfamiljer lever under illusionen att Sverige inte är deras land. Föräldrar som ständigt förmedlar att "vi ska inte stanna här för alltid" skapar en rotlöshet hos sina barn. De växer upp utan känsla för ansvar eller lojalitet mot samhället. Det är en farlig mentalitet som säger att vi inte behöver ge något tillbaka, att vi inte hör hemma här. Det skapar en generation av unga människor som inte känner att deras handlingar spelar någon roll, att samhället inte kräver något av dem.

Det är dags att vi slutar ge förmåner utan krav. Vi måste återställa balansen mellan skyldigheter och rättigheter. Det är inte hållbart att fortsätta bortskämma unga invandrare genom att ge dem fördelar utan att kräva ansträngning och ansvar. För att bygga ett starkare samhälle, för att skapa en framtid där ungdomar känner att de har något att bidra med, måste vi först och främst kräva ansvar. Vi måste sätta gränser och förstå att rättigheter kommer med ansvar, inte tvärtom.

Om vi fortsätter att ge utan att kräva, kommer vi att skapa en generation som inte vet hur man bygger sin framtid, som inte vet vad det innebär att kämpa för sina drömmar. Vi måste sluta ge bort det vi själva har kämpat för, och istället lära ungdomarna att deras framtid ligger i deras egna händer. Det är dags att ta ett kraftfullt grepp, att ställa krav och ge ungdomarna de verktyg de behöver för att ta ansvar för sina liv och bli aktiva, respektfulla medborgare i Sverige.

Var var vi? Jo, jag körde buss i Angered. Korta turer och en hel del fuskåkning. Svenska språket och kulturen började långsamt försvinna från min hjärna. Istället lärde jag mig en massa nya ord från olika länder: "ghabah", "bodala", "sharmota", "amna ghoyom" siktir" och så vidare. En sak jag snabbt upptäckte var att jag hade ett gäng bröder där. För att inte bli stämplad började de kalla mig "Hello brorsan..." Men whatever, jag slutade bry mig om språk, kultur och allt sådant där. Jag körde buss – dag som natt.

Vi chaufförer hade våra egna små nöjen. På lunchrasterna satt vi och bytte historier och skrattade åt allt och inget. Men det var lite trist att ingen svensk jobbade där. Jag ville prata svenska, bli bättre och bättre, men tyvärr var det inte möjligt. "Man lär sig språket på jobbet", säger de. Men det där är bara bullshit! Forskare kan ha fel ibland, jag lovar. Det beror ofta på var man hamnar. Svenskar, däremot, gillar inte att prata. De är mest tysta. Och du måste verkligen våga bryta tystnaden. Och det är inte bara det – när du väl berättar ett skämt, måste du först förklara att det faktiskt är ett skämt. Annars kanske de missförstår och tror att du är seriös.

Jag slutade jobba i Angered. Anledningen? Jag kände mig inte direkt som en del av "trygghetsklubben". En av mina kollegor fick nämligen ett oväntat ansiktslyft – knivskuren. Och inte på ett bra sätt. Så jag började fundera på vad jag skulle göra nu.

Jag testade lastbilschaufförslivet. Jag menar, det lät ju coolt, eller hur? Lasta av, lasta på – lätt som en plätt! Men det var inte riktigt min grej. Inte heller att hänga i lastbilen hela dagen. Sen tänkte jag att sopbilar kanske var mer min stil. Tänkte jag. Istället för att tömma soporna där de skulle, lyckades jag tömma dem på min egen last. Det blev inte populärt. Min kollega, som nog inte var i världens bästa humör, tog kontrollen och återgav mig samma "välkomnande". Mitt misstag? Jag tryckte på fel knapp och var inte riktigt förberedd på det här jobbet – men hans misstag var... ja, lite mer passionerat och intensivt. Ingen ville jobba med mig efter det. Och för att vara ärlig, det var bara ett litet fel, men ändå kände jag mig som den som fick ta smällen av hela invandrar-gänget.

Det här jobbet var över på en vecka. Jag släppte de färgglada arbetskläderna, inte med stolthet, utan mer av ren reflex, och satte mig på min cykel för att cykla hem en snöig morgon. Väl hemma tänkte jag att det kanske var dags att ta ett steg tillbaka, andas lite och fundera på nästa briljanta karriärval. Det kanske är dags att byta lägenhet och flytta till ett annat område. Men nej, det går inte. Som invandrare är vi tydligen bara tillåtna att flytta mellan förorterna – inget mer.

Jag började gå till kyrkan, träffa folk och be – men inte den där kyrkan nära hem, nej, jag valde en kyrka långt bort, i ett område där majoriteten av folket är svenskar. Det var en hel expedition, med två bussbyten på vägen dit. Sist jag var i en kyrka nära hem, hände något oväntat – muslimer tog över kyrkan för att göra salat. Så jag sprang därifrån, för alltid. Tydligen hade prästen och imamen gjort en överenskommelse, men prästen hade sina egna idéer och muslimerna helt andra. Men hey, det är ju upp till dig att upptäcka vad de egentligen tycker!

Det var som att mina svenska ord plötsligt kom tillbaka efter en lång semester, tack vare alla bönestunder. Men, jag måste säga, ingen svensk tjej i min ålder dök upp. De flesta av Guds vänner var lite äldre, som om de var programmerade robotar – jättesnälla och hjälpsamma, men jag undrade lite varför det inte fanns fler sådana människor ute på stad.

Svenskarna har verkligen förändrats, tycker jag. Det känns som att så fort man närmar sig någon för att säga något, så tolkar de det direkt som något personligt. De ser nästan ut som att de väntar på att du ska göra något skumt eller att du har en dålig attityd på gång. Det är som om misstänksamheten har blivit deras första försvar! Jag undrar om det är tack vare media som ständigt matar oss med negativa nyheter och skräckhistorier – man börjar ju nästan tro att vi alla är potentiella skurkar i varandras ögon. Det är lite tragikomiskt, eller hur?

En sak vi invandrare snabbt lär oss här i Sverige är att gå på den osynliga *PR-skolan*. Det är den plats där myndigheter, företag och branscher visar upp sina mest välputsade, "snälla" ansikten. Hur funkar det? Jo, de plockar ihop några invandrare, gärna de som ser lite extra glada och naiva ut, ställer dem framför en kamera, och knäpper en bild. Resultatet? Ett foto som skriker: "Titta vad inkluderande och mångkulturella vi är!" Det är integration à la Photoshop – snabbt, enkelt och redo för sociala medier.

Sen har vi en annan "skola" som vi invandrare verkar dominera: nattlivets mer... kryddiga hörn. Ta en tur till någon vuxenklubb, och du märker att det är nästan bara vi som är där. Svenskar? Nej då, de har en annan taktik. De kör sitt race i andra länder, där de kan njuta i lugn och ro, långt bort från bekanta ögon. De är proffs på att leva dubbelliv – diskret hemma, vilda utomlands. Det är som en tyst överenskommelse: "Vad som händer i Bangkok, stannar i Bangkok."

De flesta invandrare kommer från stora länder med många människor, där det alltid är liv och rörelse. På kvällarna är man ute, butikerna är öppna, och gatorna lever. Så när någon säger: "Men gå tillbaka till ditt land då, vi saknar dig inte ens som ett ruttet äpple," vill jag bara stoppa dig där, min vän. Det är inte så enkelt, okej?

Här i Sverige (eller ja, hela Skandinavien som ni kallar det ibland) stänger allt kl. 18. Vill du köpa mjölk efter det? Synd. Vill du promenera och titta på folk? Lycka till – alla har gått i ide.

Nöjesställen och pengar-slukande aktiviteter finns visserligen, men ärligt talat, de känns inte riktigt som vår grej.

Så vad gör vi? Vi anpassar oss, vi försöker, vi lär oss att uppskatta det stillsamma... och vi lagar mat hemma eftersom ingen pizzeria ens har öppet längre. Tålamod, kära vän, tålamod. Vi är här för att lära oss, men kanske kan vi också lära er något på vägen.

Mina böner var enkla och raka: jag bad Gud om att få möta en vacker, omtänksam och akademisk svensk kvinna, någon som kunde hjälpa mig att växa och utvecklas på rätt sätt. Och så ville jag tjäna massor av pengar, helst snabbt. Men inte en enda bön blev uppfylld. Kanske var jag för otålig? Hur kunde Gud lämna ett barn i Marjas mage utan en partner, men ändå inte hjälpa mig att hitta en tjej? Samtidigt slog det mig att det kanske var barnsligt att tänka så. Varför hjälpte Gud inte de som var i koncentrationsläger i Auschwitz-Birkenau? Och varför skulle Hen hjälpa just mig? Trots att jag plöjde igenom den heliga boken fick jag bara fler obesvarade frågor. Så tänkte jag, varför inte prova ChatGPT? Men där fick jag varken vettiga svar eller något som liknade visdom – inte ens på rim!

Varför inte börja om och studera? Varför inte komplettera min lärarutbildning från hemlandet? Visst, den är redan validerad, så det går bara att söka kurser. Så fort jag satte min fot på Göteborgs högskola insåg jag att flera invandrare, både de som man ser på långt håll och de som smyger omkring osynligt, hade sämre svenska än jag. Jag blev faktiskt glad. Äntligen ett område där jag var bättre! Men som man bäddat får man ligga, för i slutet av första terminen hade jag lyckats få godkänt i svensk grammatik – 9 poäng, alltså inte så mycket, men ändå något. De andra 21 poängen? Nej, de var förlorade. En av de svåraste bitarna var att skriva uppsats. Och det är inte så enkelt som man kanske tror! Som student får man inte skriva sina egna briljanta idéer om böcker och författare. Nej då, det handlar om att klistra på forskningen och bara nicka instämmande: "Ja, det är sant. Jag håller med." Motsäger man något? Underkänt. Enkelt.

Och här kommer den stora frågan: varför är det vi som har mörkt hår och hud och inte pratar engelska som invandrare, medan de som pratar engelska inte är det? Lärare och forskning hade inget vettigt svar.

Jag, som hade trott att jag skulle klara kurserna på en termin, fick istället förlänga mitt lidande till tre terminer till, med exakt samma resultat. Alla andra invandrare, framför allt kvinnorna som inte kunde svenska, klarade sig galant.

Men jag? Nej, jag var som en flopp på en talangshow.

Så, det var bara att gå och prata med rektorn. Rektorn, som för övrigt var kvinna, gav mig sitt bästa "tänk om"-leende och rekommenderade att jag skulle ta kursen igen. Jag var redan på väg att ge upp, men satte mig ner på högskolans café bredvid en invandrad kille, som, till min förvåning, skakade om min världsbild. Han hade nästan samma situation som jag, men enligt honom var högskolan bara en kvinnohängande apparat, full av kommunister och feminister. Och så, där och då, började jag undra om det kanske var dags att tänka om och, ja, bli Sverigedemokrat.

Kvinnor och kvinnor – världens största gåva och samtidigt det mest komplicerade fundamentet. I Skandinavien är det olagligt att köpa sex, driva bordeller eller något liknande.

Varför? För att kvinnor som kallar sig feminister och kommunister inte vill att organiserad prostitutionsverksamhet ska existera i landet. De hävdar att det handlar om respekt för kvinnor och deras värde.

Men tänk ett steg längre: moderna länder som tillåter prostitution visar en förnedrande och dålig syn på kvinnor och deras kroppar. Eller rättare sagt – alla andra har fel, och det är kvinnorna som dominerar Skandinavien som har rätt.

Så vad handlar detta om egentligen? Titta noga på dessa kvinnor. Många av dem är inte vackra, de har ingen fin kropp, och deras moral är långt ifrån exemplarisk. Deras män har lämnat dem, ofta av just dessa skäl. Och nu? Nu vill de hämnas på sina män genom att förbjuda dem att vända sig till vackra, sexiga kvinnor som faktiskt tar emot män på bästa möjliga sätt.

Nästa gång du ser en sådan kvinna, fråga dig själv: är det verkligen respekt och värdighet de försvarar, eller är det bara deras eget förakt och misslyckanden som de vill projicera på andra? Skandinavien må vara strikt, men frågan är vem som verkligen drar nytta av dessa lagar – kvinnor, män, eller de som bara vill kontrollera allt.

Jag var djupt deppig, fast i mina egna tankar, när min mobil plötsligt ringde. På andra sidan luren var en kvinna från den finska skolan i Angered. Angered igen! "Hej, vill du jobba hos oss som lärare i svenska som andraspråk?" Utan att tveka svarade jag "Absolut!" Intervjun gick som en dans, trots att jag inte hade avslutat min utbildning och därmed var obehörig. Men vem bryr sig om det, eller hur?

Skolan började och jag var på topp – både för jobbet och för alla härliga invandrartjejer. De flesta av dem var kvinnor som hade kommit till Sverige genom anknytning och äktenskap, och jag visste att det var bäst att hålla mig på min vakt. Jag hade redan hört och sett historier från mitt hemland om hedersrelaterat våld. Det skulle vara livsfarligt om jag råkade säga något för gulligt till en av tjejerna. Tänk om hon berättade för sin man? Då riskerade jag att bli slagen eller knivskuren. Istället kallade de mig "bror", och jag kallade dem "syster." Lite som i kyrkan, fast med lite mer spänning.

Från första stund i livet matades vi konstant med religiösa och kulturella ideal, framför allt från islamistiska tolkningar, om att man måste "skydda" sina systrar och mödrar. Det sades att man inte fick gifta sig utanför familjen, och att det var en skam att ge bort en dotter till en annan familj utanför släkten. Sånt hörde vi gång på gång, och det blev en del av vår uppväxt. Vi blev itutade att kvinnor är som en slags egendom, något som mannen kan göra vad han vill med. Och det tragiska är att detta fortfarande pågår. Och sedan tackar vi Allah för att ett barn med funktionsnedsättning, som är resultatet av familjeäktenskap, "inte är helt förlamat". Det är som om det är någon sorts välsignelse i misären, istället för att ifrågasätta varför dessa traditioner som leder till lidande ens fortsätter. Det är en absurd logik – vi tackar för en halv tragedi istället för att adressera roten till problemet.

Visst, internet har bidragit till att bryta ner en del av dessa förlegade idéer, men inte tillräckligt. De som kommer till moderna länder utan någon förståelse för dessa frågor fortsätter ofta i samma gamla spår. Förändring kräver utbildning – en tydlig, strukturerad insats för att få män att förstå att kvinnor är individer med egna rättigheter och friheter. Utan utbildning och ansvarstagande riskerar vi att hedersrelaterat våld fortsätter breda ut sig, precis som vi ser i Sverige idag. Det handlar inte bara om att informera, utan om att omprogrammera ett djupt rotat tankesätt – och det är ett jobb som måste tas på allvar.

Många kvinnor som levt under våld och förtryck nästan hela sina liv börjar, i ett nytt land, att hämnas på sina män på olika sätt. Det kan vara genom manipulation, anmälningar eller att utnyttja systemet till sin fördel. Men vad som ofta missas i detta är att deras män också är offer – fast på ett annat sätt. De är produkter av ett samhälle som har indoktrinerat dem med förvridna idéer om makt, könsroller och heder.

Det betyder inte att våldet eller förtrycket de utövat ska ursäktas, men det är viktigt att förstå att roten till problemet ligger i de strukturer och normer de båda vuxit upp med. Förändring kräver att både kvinnor och män får möjlighet att bryta sig loss från dessa destruktiva mönster – med utbildning, stöd och verktyg för att skapa ett jämställt och respektfullt förhållningssätt till varandra.

Det är nästan komiskt – de som tror på Allah och är muslimer visar ofta en tydlig aversion mot andra religioner och deras anhängare, som om de vore helt olika. Kristna har under åren lyckats omformulera och polera sina budskap på ett sätt som framstår som mjukare och mer tilltalande, medan judar ofta håller fast vid sina traditioner utan att bry sig om att "anpassa sig" för andras skull. Samtidigt verkar ingen riktigt inse att alla tre religionerna är som syskon – skickliga kopior av varandra, födda ur samma historiska källa.

Det är nästan ironiskt hur mycket energi som läggs på att markera skillnader och skapa konflikter, när de i grund och botten berättar samma historia med olika detaljer. Ett skrämmande och förvirrande spel som gamla, maktlystna människor en gång i tiden skapade och som vi fortfarande tvingas leva med. Och medan vi bråkar om vem som har rätt, missar vi den verkliga poängen: kanske är hela poängen att det aldrig fanns någon poäng från början.

Ja, vi var i skolan. Allt var frid och fröjd tills Ramadan kom in på skolan som en elefant i en porslinsbutik. Muslimerna äter och dricker inte under dagen, som du kanske vet. Kaffemaskinen stängdes av rektorn, som ett tecken på respekt för de fastande eleverna. Eleverna orkade inte sitta i skolan i fyra timmar utan att få sin energikick, så de brukade få sluta en timme tidigare – helt i enlighet med rektorns godkännande. Under de tre timmarna de faktiskt var i skolan, samlades de i hörnet och gjorde salat (bön). En liten detalj – det här var egentligen mot Skolverkets regler. Men jag var ju en snäll lärare, så jag sa till eleverna att de inte fick störa lektionen. Skolan är trots allt en plats för alla, inte bara för muslimer. De andra eleverna hade också rätt till undervisning.

Så, vad hände sen? Jo, nästa termin fick jag inte fortsätta jobba där. De "kastade ut mig" med ett stort svenskt leende, som om inget hade hänt. Allt som behövdes var ett leende och en ordentlig administration!

SFI-skolorna verkar ha hittat sitt eget sätt att navigera förbi kommunernas regler och stadgar. Det verkar som om deras enda mål är att trycka in så många studenter som möjligt – till vilket pris som helst. Varför? Jo, för varje ny student betyder mer pengar i kassan. Och det märks tydligt att de aldrig blir mätta.

Istället för att fokusera på kvalitet och att faktiskt hjälpa människor att lära sig svenska och integreras, handlar det bara om att maximera antalet inskrivna. Konsekvenserna? Överfulla klasser, brist på individuell hjälp, och ett system som inte lever upp till sitt syfte. I slutändan är det de som behöver hjälpen mest som betalar priset – medan SFI-skolorna räknar sina pengar.

Ett förslag som aldrig kommer att accepteras av myndigheterna i Sverige – och jag har ingen aning om varför – är att helt enkelt avskaffa SFI-skolorna. Istället låter vi folk hjälpa varandra! Tänk så här: varje svensk tar sig an en person och lär henne eller honom språket. När de är klara gör eleven ett prov, och om hen blir godkänd, får den svenska mentorn en slant som tack. Enkelt, eller hur? Integration skulle gå som på räls! Samtidigt ökar giftermålen, fler barn föds, och hela landet fylls av nöjda och glada människor. Det skulle säkert leda till en massa andra fantastiska saker också. Vem behöver byråkrati när vi kan bygga ett samhälle med lite gemenskap, kärlek och språklektioner runt köksbordet?

Kärlek vid första ögonkastet

Det sägs att om du vill ha ett jobb, gå aldrig till Arbetsförmedlingen. Men jag tänkte: "Varför inte? Vad har jag att förlora?" Så jag struntade i ryktet och träffade en person där som hjälpte mig att söka jobb. Första veckan skickade jag ivrigt iväg min jobbansökan till en hel uppsjö av företag. Andra veckan gjorde jag samma sak, och efter fyra månader insåg jag att ingen arbetsgivare riktigt ville ha min CV. "Minst 500 jobb ska du söka innan du ens kan drömma om ett jobb", sa personen som jobbade där, och skickade mig till ett privat jobbcenter.

Där skulle man göra aktiviteter för att hålla sökande sysselsatta.

Så, dit for jag – 1 timmes resa enkel väg. Och vad möttes jag av? En massa invandrare som spelade olika spel, drack kaffe och te. Allt kändes ganska... ja, trist. Den fjärde dagen skulle jag logga in på hemsidan men hade problem, så jag bad om hjälp. Plötsligt dök hon upp. Vem var den här snygga tjejen? Varför hade jag inte sett henne tidigare? Hon hjälpte mig snabbt att logga in, och jag började ställa fler och fler frågor. Bara för att hålla henne kvar, så klart. Hon var så där perfekt snygg, och jag försökte visa mitt intresse – inte direkt med ord, men genom min blick. Jag tittade rakt på henne, och om mina ögon kunde tala, skulle de ha sagt: "Snälla, ge mig mer hjälp!" Och, tro det eller ej, hon förstod precis vad jag menade. Från den dagen var jag på plats före öppningstid.

Hemma började jag förbereda mig som om jag skulle ut på en expedition. Träning stod först på schemat – men hur tränar man egentligen inför något sånt här? Hur börjar man ens? Och om jag får ett rungande nej, vad gör jag då?

Jag testade kläder i alla möjliga kombinationer. Skjorta? För stelt. Hoodie? För slappt. Vilken outfit säger "avslappnad, men seriös"? Jag borstade tänderna så noggrant att tandläkaren hade blivit stolt, och spegeln blev min bästa vän (och värsta kritiker). Jag provade olika poser och ansiktsuttryck – ett litet leende? För mycket tänder? Ingen tänder alls?

Det här var en chans jag absolut inte tänkte missa. Jag menar, sånt här händer inte varje dag. Men hur skulle jag lägga fram det? Skulle jag vara rakt på sak eller be om hjälp med allt som en förvirrad turist? Skulle jag bara fråga efter hennes nummer direkt?

Så jag började googla. "Hur frågar man på ett snyggt sätt?" "Vad gör man om hon säger nej?" Och så vidare. Jag var redo för alla scenarier, även om hon skulle säga nej. Jag tänkte, man kan ju försöka igen, precis som i de där indiska filmerna där killen aldrig ger upp. Tjejen säger nej femtio gånger, men i slutändan säger hon ja. Magiskt, eller hur?

Fast här i Sverige... nej, det är en annan sak. Här betyder nej faktiskt nej. Inget filmiskt drama, bara kall verklighet. Lite trist, om jag ska vara ärlig. Men ändå, spänningen var olidlig. Skulle jag våga ta steget? Eller skulle jag fastna i mina eviga förberedelser?

"Du..., får jag säga något?" frågade jag och kollade på henne med ett leende.

"Absolut", sa hon och såg förväntansfull ut.

"Så här är det... jag går rakt på sak. Jag gillar dig, och jag vill gärna lära känna dig bättre. Finns det någon chans att du känner likadant?" frågade jag, nästan för nervös för att hålla kvar ögonkontakten.

Hon log, och jag trodde nästan jag såg ett litet skratt i hennes ögon. "Inte här, men vi kan träffas efter jobbet."

Jag höll på att tappa andan. Var det här på riktigt? Jag hade ju just träffat min drömtjej! Mina böner var besvarade, och jag var säker på att Gud hade lyssnat. Glöm alla jobbansökningar – nu var det städning och vin som gällde. Jag plockade fram några små saker här och där och såg till att det fanns vin i kylen.

Vi träffades nästan varje dag i staden, promenerade runt och pratade om allt möjligt. Susan var så snäll och charmig.

Och där, mitt på båten till Danmark, kysste vi varandra för första gången. Det var som en dröm. Det var de bästa tiderna i hela mitt liv.

Jag hade hennes händer om mig, och när hon pressade sig mot mig, sa hon med ett leende:

"Vahid, jag älskar dig."

"Du har jag väntat på länge… Jag älskar dig också", sa jag, och vi båda såg på varandra som om världen hade stannat.

Vi var kära. Och inte bara lite – vi var fast i varandras värld. Tiderna gick, men det kändes som om vi hade funnits där i evigheter. Vi var som två vanor. En plats, en tid. Hela tiden.

Dagarna flög förbi och jag började känna mig som en riktig "ansvarstagande" man i ett förhållande – jag menar, jag hade ju faktiskt knäckt koden för vuxenlivet! Jag var så stolt över hur jag hanterade allt med Susan. Det var nästan som att jag var en proffs-datingcoach.

Men här kommer grejen: du vet, det finns skillnader mellan att vara med en svensk tjej och en tjej från andra delar av världen. Och jag säger inte att det är som att spela i olika ligor, men ibland känns det som att man spelar på en högre nivå av ansvarsfullhet. En sak är säker: du måste vara på din vakt, för ibland kan en vanlig kväll snabbt gå från romantik till fullskaligt drama – och då snackar vi inte om att tända ljus för stämningen.

Så där står man, mitt i sovrummet, tror att du har koll på allt, när plötsligt... BAM! Polisen ringer och säger: "Hej, vi hörde att ni har haft en riktigt 'vuxen' kväll här, vi kanske ska kolla upp det!" Och där står man, mitt i det hela, utan att ens hinna säga sitt försvar.

Och ja, jag har kompisar som säger "gift dig aldrig med en invandrare!" men så är ju inte livet så enkelt. Svenska tjejer kan också vara... spännande på sina egna sätt. Men jag ska inte avslöja för mycket, det är ju ändå en del av charmen med livet – alltid en liten twist på slutet!

Polisen, rättsväsendet och i princip hela världen (utom vi vanliga män, förstås) har en blind tro på allt en kvinna säger – punkt slut. Säger hon "han gjorde det", så åker handbojorna på snabbare än du hinner säga "missförstånd", och vips är du anklagad för allt från våld till våldtäkt och en hel katalog av fantasifulla brott. Och tro mig, det är inte en saga – det är verkligheten! Det mest tragiska? Ingen verkar vara intresserad av att forska om detta i Sverige. Nej, här är det tydligen "skyll dig själv" som gäller.

Vänner säger att i Sverige är det som att vara oskyldigt dömd om en kvinna ringer polisen, så du får hålla dig på tårna. Och det där fick mig att tänka på en sak: kanske är det dags att ta en sväng förbi Sverigedemokraterna? Jag menar, någon måste ju stoppa alla de där rättapparaternas vinklar och vridningar. Det känns som att världen behöver en liten omstart, om du frågar mig. Men det får bli nästa mysterium att lösa!

Feminist! Hm, världens mest absurda ord, eller hur? Egentligen borde det handla om jämlikhet, om att vi alla ska ha samma rättigheter och möjligheter. Men här i Sverige? Nej, det används som ett vapen för att slå på stackars män, som om vi inte redan har nog att göra med den galna verkligheten. I stället för att lyfta fram verklig jämlikhet, har det blivit ett flaggord för att plötsligt förklara varje mans existens som problematisk. Det borde heta "rättvisekämpe" eller "mänskligist" istället, om vi nu ska vara helt ärliga — något som faktiskt betyder något för

ALLA. Men nej, här har vi ett ord som istället får en hel grupp att känna sig som den stora syndabocken. Ironi på hög nivå, eller bara tragiskt?

Tro mig, det finns faktiskt kvinnor där ute som inte bara ogillar män, utan som drömmer om att skapa en värld där män ska få uppleva hela paketet – du vet, inte bara vara fysiskt belastade av att bära runt på ett par testiklar, utan också kunna bli gravida eller kämpa med mensvärk varje månad. Och här står du och undrar varför jag inte vill att du ska bli kvinna – jag menar, hallå, det var ju inte min idé att du ska gå genom det här hormonkaoset! Låt oss vara realistiska här: världen är inte rättvis, och vi lever mitt i en djungel där vi pratar om saker som 'respekt' och 'inkludering' medan vi blundar för det faktum att vi alla är lite som apor i kostymer, som försöker förstå vad som egentligen händer. Och ja, alla dessa fina ord om rättvisa och glada färger är bara för att försköna den här galna cirkusen vi kallar livet.

"Vahid?" hörde jag plötsligt, hennes röst var mjuk.

"Ja, min älskling?" svarade jag, alltid redo att höra hennes röst.

Susan tittade på mig och sa: "Varför bjuder du inte mig till din lägenhet?"

"Jag? Jag vill gärna att du kommer, men jag var bara lite nervös för att säga det. Jag tänkte att du kanske skulle tro att jag bara var ute efter en sak..." sa jag, men stämningen mellan oss var för bra för att hålla tillbaka.

Susan brast ut i ett skratt, ett sådant där skratt som fick hela caféet att lysa upp. Efter några sekunder tittade hon rakt i mina ögon och sa: "Jag vill ha ..."

Jag tänkte inte en sekund på min usla ekonomi, jag tog tag i situationen och ringde efter en taxi. Vi var framme på några minuter. Min lägenhet var liten men mysig, en gammal pärla från 60-talet. Susan gillade den direkt. Hon gick till toaletten. Jag tände några ljus och hällde upp vin åt oss båda. Vi drack, kysstes, och sen kysstes vi lite till.

Susan: "Älskling, jag kan inte hålla mig längre. Vi går till..."

Jag lät inte henne sluta. Jag grep tag i hennes händer och vi stormade in i sovrummet som om vi var huvudpersoner i en romantisk film. En röd lampa lyste upp rummet som en neonreklam för passion, och en ljuvlig doft av något mystiskt och förföriskt fyllde luften. Vi var båda brinnande av längtan.

Hon började ta av mina kläder, ett efter ett, som om hon var på en tidskrävande julafton och jag var hennes present. Hon sa: "Nu är det din tur!" och jag började försiktigt dra av hennes kläder, som om jag öppnade en exklusiv present som jag inte ville förstöra. Hennes behå var i exakt samma färg som ljuset i rummet – en perfekt matchning, jag menar, detta var ju inget mindre än magi.

Jag fortsatte nedåt, var försiktig och målmedveten, tog av hennes trosor och… vänta, vad var det här egentligen?

Världen snurrade i mitt huvud. Först tänkte jag att jag kanske var för trött, eller rent av för full för att förstå. Men när jag såg vad som hände, insåg jag att det här var på riktigt. Susan – eller snarare HAN – var en man. Och han hade en större kuk än jag. Jag skrek, och jag menar verkligen skrek, som om någon just hade stulit min sista bit choklad.

Jag blev chockad till 100 procent. Alla mina sinnen förlorade sin funktion. Allt jag hade druckit försvann i ett magiskt ögonblick. Jag släppte kläderna, snappade åt mig mina egna och rusade ut ur lägenheten som om någon hade tänt eld på min själ. Jag sprang så snabbt att jag nästan krockade med en gammal dam som plötsligt dök upp i dörröppningen.

Vid något tillfälle måste jag ha kräkts. Jag kanske var i chock, kanske var jag i förnekelse. Det kändes som en mardröm. Jag började undra: Hur kunde jag vara så naiv? Varför märkte jag inte det tidigare? Och sedan kom tanken: Nej men... Kärlek har ju inga ögon. Och tydligen inte heller någon hjärna ibland.

Alla känslor och fina stunder försvann som en rökpelare. Jag kände mig som den största idioten på jorden. Efter ett tag började jag tänka: Varför i hela världen sprang jag ut från min egen lägenhet?

Jag återvände till lägenheten, långsamt, försiktigt, som en detektiv på jakt efter svar. Dörren var öppen och Susan var spårlöst försvunnen.

Vi måste prata. På riktigt. Varför gjorde du så här mot mig? Vad trodde du om mig egentligen? Att jag är bög? Eller kanske bara för dum för att förstå dina *helt geniala* planer? Förlåt, men jag fattar verkligen inte hur du tänkte. Tror du att bara för att folk säger 'jag litar på dig', så betyder det att du kan göra precis vad som helst? Låt mig bara säga en sak: att lita på dig känns ibland som att lita på Satan – och om jag ska vara ärlig, han verkar ha en bättre pitch. Han är snyggare, trevligare, och säger aldrig emot. Vem vinner det valet, tror du?

Men okej, låt oss snacka om den där *presenten* du gav mig. Jag bad dig dag och natt, med all ödmjukhet jag kunde uppbåda, och vad får jag? En kuk?! Skamligt, Gud. Mycket skamligt. Du måste förstå att jag hade förväntat mig något bättre än det här. Något lite mer... användbart, om vi säger så. Vet du vad? Nästa gång jag behöver hjälp, då ringer jag Satan. För ärligt talat verkar han ha lite mer koll på service och resultat. Men okej, kanske är det mitt fel. Jag borde ha fattat att du är upptagen med att jonglera galaxer och hålla ordning på alla dina små projekt. Men ändå, det här? Det känns som om du bara kastade tärning och hoppades på det bästa.

Och så sitter du där och glor på mig som om inget har hänt. Seriöst, Gud, har du någonsin övervägt att läsa rummet? Jag borde ha lärt mig av alla andra. De flesta verkar ju ha fått nog av dig. Titta bara på dig nu. Ensammare än någonsin. Var är alla dina hängivna följare? Jo, många av dem är upptagna med att tjäna pengar på ditt namn. Och resten? De är gamla, sjuka eller på väg att checka ut från livet.

Du kanske borde tänka på att göra en uppgradering, en liten *version 2.0* av dig själv? Lite självrannsakan kanske? För, Gud, vi människor fattar vad som händer. Och här är ett tips: om vi en dag bestämmer oss för att sluta föda barn – vad händer då? Jo, det är slutet för dig och dina små komplicerade projekt. Ingen att skapa för, ingen att leda, ingen att förvirra. Du är död, game over.

Så här är min sista vädjan: skärp dig, Gud. Gör något innan det är för sent. Vi människor kan vara envisa, men vi är också ganska smarta när vi vill. Vi genomskådar allt, förr eller senare. Men vet du vad? Trots allt det här – trots att du har sabbat min tro, min tillit, och typ hela mitt liv – så sviker jag dig inte. Åtminstone inte ännu. Så vad säger du? Ska vi försöka igen? Eller tänker du sitta där och vänta på att Satan tar över showen helt och hållet?

"Kan du hjälpa oss?" Jag tappade tråden i samtalet med Gud. Du vet, det är helt okej om *du* pratar med Gud – det är liksom normalt. Men om du börjar tycka att *Gud* pratar tillbaka, då är det kanske dags att boka en tid hos psykologen. För det finns ju inga bevis att styrka det där samtalet. Nuförtiden har vetenskapen säkert ett fancy namn för den typen av "situationer".

Det var tre jämnåriga killar runt 40. 'Prästen är där borta, ni kan prata med honom,' svarade jag. 'Nej, vi kan inte prata så bra svenska. Kan du tolka åt oss?' Jag reste mig och sa, 'Absolut.' Men jag kunde inte låta bli att fråga: 'Hur visste ni att jag pratar persiska?'

En av dem log och sa, 'Jag hörde din bön. Du pratade persiska.'

Jag blev knallröd i ansiktet och sa inget. Hur pinsamt! Tänk att de hade hört mina barnsliga böner. Och nu kunde jag inte släppa tanken: Kan det vara så att Gud inte ens fattar persiska? Det skulle ju förklara varför jag aldrig fick något svar.

Prästen Andersson tog emot dem med ett vänligt leende. Vi satte oss runt ett runt bord. De tre unga männen hade varken fina kläder eller särskilt gott humör. De såg trötta och bekymrade ut. Deras önskan var enkel men desperat: de ville att prästen, en svensk, skulle hjälpa dem att hitta en duktig och erfaren advokat.

Alla tre hade precis fått sitt andra negativa beslut från Migrationsverket. Det betydde att de hade två veckor på sig att lämna landet. Efter det skulle de bli utvisade om polisen upptäckte dem.

Jag kände hur en våg av sorg svepte över mig och tankarna for tillbaka till mina egna svåra tider. Det var ingen lätt period, snarare ett rent helvete.

För deras skull gjorde jag mitt allra bästa som tolk. Jag la till några starka och känslomässiga ord när jag översatte, även om det inte riktigt var deras egna. Prästen Andersson nickade långsamt, som om han förstod situationens allvar, och verkade fast besluten att hjälpa. Jag kände en gnista av hopp tändas i rummet, trots mörkret som hängde över oss.

Han är rätt person. Han är känd och kan verkligen hjälpa er. Han känner många duktiga advokater, sa jag med övertygelse. Jag ville ge dem lite hopp och kanske ett leende, något som kunde påminna dem om att livet inte är slut. Det är inte hela världen, tänkte jag.

Deras ansikten lyste upp lite, och de bestämde sig för att komma tillbaka nästa vecka. Då skulle Andersson ha namn och adress till en advokat redo för dem. Vi sa hej då till varandra och kramades.

När de hade gått stod jag ensam kvar, med en stor fråga som snurrade i mitt huvud: *Hur kan Andersson hjälpa dem när hans Gud inte ens verkar kunna göra något?*

Hemma började jag samla ihop alla mina extra kläder som jag egentligen inte behövde. Jag tänkte ge dem till de tre nästa vecka. Kläderna skulle passa, för vi var ungefär samma storlek. Det kändes bra att kunna göra något konkret för dem.

Man blir ju själv glad när någon annan blir glad tack vare ens hjälp. Det är en varm känsla, som om en liten cirkel av godhet sluts. Enligt Bibeln var det här mötet säkert redan förutbestämt. Gud har ju sin egen plan, och ibland använder han oss människor som sina verktyg för att utföra sitt arbete. Jag var tacksam för att få vara en del av det.

Killarna dök upp två gånger i rad, punktliga som ett kyrkklockslag, men Prästen Andersson hade fortfarande inga klara besked till dem. Han log sitt vänliga leende och sa varje gång: 'Ingen brådska, vi tar det steg för steg.' Det lät nästan som om han väntade på ett mirakel. Jag kunde inte låta bli att tänka att han kanske skulle trolla fram någon från Migrationsverket direkt till kyrkan – som om Gud hade en hotline till deras kontor.

Trots att de inte fick några konkreta svar var killarna ovanligt glada. Kaffet och bullarna kan ha haft något med saken att göra, eller så var det bara hoppet som Andersson hade planterat i dem. Vi pratade mycket, och jag försökte hålla stämningen uppe. 'Det kommer att ordna sig,' sa jag om och om igen, som ett mantra.

Men dagens stora avslutning kom när Andersson äntligen klev fram efter dagens aktiviteter och meddelade: 'Jag tror det bästa för er är att konvertera till kristendomen först.'

Ingen av oss blev egentligen förvånad. Killarna tittade på varandra, nickade och svarade direkt: 'Ja, vi kan göra det.' Jag menar, ibland måste man ju spela med systemet. Och om att byta religion innebär en chans till uppehållstillstånd, så varför inte?

Problemet är bara att lämna islam inte är någon småsak. I Iran är det lika med dödsstraff enligt islamisterna. Så det var inte bara en formell konvertering vi pratade om – det var en livsförändring med potentiellt livshotande konsekvenser. Men i stunden verkade killarna mest tänka på att hålla sig kvar i Sverige och undvika den hotande utvisningen.

Det är något fascinerande, nästan absurt, med hur livet kan kasta oss in i sådana här situationer. Ena dagen sitter man och dricker kaffe med hopp i blicken, och nästa dag funderar man på att byta religion för att överleva. Livet är verkligen fullt av oväntade vägar – eller som Andersson kanske skulle säga: 'Guds plan är alltid mystisk.

Jag hade faktiskt andra alternativ att föreslå också. Om kristendomen inte funkade för dem, kunde de alltid hävda att de var bögar. Det är ju ändå samma straff – vare sig man konverterar till kristendomen eller kommer ut som homosexuell.

Jag minns en familj som kämpade i flera år för att få uppehållstillstånd. De försökte allt. De bad, grät, och till och med blev kristna – men inget hjälpte. Till slut fick pappan en *briljant* idé: han ansökte som bög. Och vet du vad? Det funkade! Plötsligt hade han sitt uppehållstillstånd i handen, och eftersom hans fru och två barn hade anknytning till honom, fick de stanna också. Snacka om kreativ problemlösning.

Det är inte alltid dåligt att vara bög, tydligen. Men ändå, jag kan inte låta bli att undra – varför blev jag så skräckslagen av Susan? Vad var det med henne som gav mig kalla kårar? Det kanske är en fråga för en annan dag... eller för en psykolog.

Men som alltid finns det en stor risk. Om Migrationsverket skulle upptäcka att pappan inte längre är bög eller har lämnat oriktiga uppgifter, ja då är det kört. Hej då, Sverige. Pappan står nu inför en jätteutmaning. Ibland måste han gå på möten med andra bögar för att "bevisa" att han verkligen är en riktig bög. Och ja, ibland innebär det att han får "delta" i aktiviteter som inte är direkt något man skriver hem om – ibland blir han avsugen, ibland måste han själv 'suga någon'. Frågan är: Är det verkligen värt det för att få stanna i Sverige?

Det är en väldigt personlig och individuell fråga, där svaret inte är enkelt. I fängelse i Iran, till exempel, händer det hela tiden att barn, ungdomar och vuxna blir utsatta för sexuellt våld och tvingas göra exakt som de blir tillsagda. Det är en brutal verklighet som många inte ens kan föreställa sig.

Jakob, Josef och Johannes – det var de nya namnen de hade valt. Och tydligen räckte det inte att bara konvertera till kristendomen. Nej, de gick hela vägen och bytte namn också. Nu var det officiellt. Alla i kyrkan gratulerade dem varmt, som om de precis hade vunnit ett pris. Och så blev det ett gäng foton tagna, för att skicka till Migrationsverket, förstås. 'Här är vi och vårt bevis'. sa de, som om bilderna var en garanti. 'Ge oss uppehållstillståndet nu, punkt slut.' Det var nästan som om de tänkte att Migrationsverket skulle säga: 'Åh, ni har bytt namn och blivit kristna, här har ni era papper. Välkomna till Sverige!'

När ska du lämna adressen till killarna? De behöver den verkligen nu,' frågade jag Andersson. 'De är ju döpta och kristna nu, så nu kan de ju lika gärna få hjälp!'

Prästen såg på mig med ett lugnt leende. 'Min son, det kommer snart. Nästa vecka får de adressen till advokaten.'

Jag rynkade på pannan. 'Nästa vecka? Men de behöver ju hjälp *nu*, som i helst igår!'

Andersson skrattade lätt. 'Ja, men ibland måste även Gud ha sin tid. Och vi ska inte stressa genom hans planer. Det här är inte ett race, det är en långsiktig strategi.'

Jag ryste på huvudet och suckade. Verkar som att ibland behöver även de stora planerna lite tid – och kanske lite av vår hjälp på vägen.

Nästa vecka dök de tre nya killarna, Jakob, Josef och Johannes, upp med en stor bukett blommor och en jättetårta. Vi satte oss vid samma runda bord som förra gången och väntade på prästen Andersson. Spänningen var nästan påtaglig, och jag kunde inte låta bli att säga, 'De kommer säkert att öppna era ärenden igen, men den här gången blir det ett helt annat ämne. Ingen kan säga NEJ till Jesus Kristus, amen!'

De tittade på mig och svarade i kör, 'Inshallah.' Jag skrattade lite för mig själv – det var ju något muslimer brukar säga, som betyder 'om Allah vill'.

Och då, som för att bekräfta min förutsägelse, dök Prästen Andersson upp. Hans ögon glittrade, och han var uppenbart på gott humör. Han bar på tre paket inlindade i fint papper, och när han satte sig vid bordet sa han, 'Öppna detta och använd innehållet för att hitta den rätta, stora och mäktigaste advokaten.'

Jag tänkte för mig själv att en adress inte kunde vara så stor, men jag höll tyst och tittade på dem när de försiktigt började öppna sina paket. Och där, i varje paket, låg en bibel. En bibel för varje person.

Jakob tittade förvirrat på Prästen. 'Och adressen då?' frågade han.

Prästen log och svarade lugnt, 'Om ni läser boken, kommer ni själva att hitta adressen.'

Det var som en smäll i ansiktet – för mig och för de tre killarna. Jag satt där, nästan mållös, och tänkte: *Vad säger du? Vad pratar du om? Är det ett missförstånd? Det kan inte vara sant!*

Men, till min stora förvåning, var det faktiskt sant. Prästen menade allvar.

Och där satt vi – alla fyra, helt förvirrade, men också på något sätt rörda av hans oväntade sätt att ge oss en annan typ av vägledning. Det var inte precis vad vi hade förväntat oss, men det var verkligen... något.

Nu förstår jag äntligen varför så många skattepengar som skulle gå till integration försvann i tomma intet. Vi lever ju bokstavligen i parallella universum! De där uppe, som redan bokat plats hos Jesus och känner sig hemma i himmelriket, och vi andra, som sitter fast i livets hiss mellan våning ett och två, utan någon som helst serviceknapp. Skillnaderna är monumentala.

Hur ska vi någonsin förstå varandra? Hur ska vi ens umgås? Här står du, svensk, med stjärnögon för amerikaner –

redo att ge ditt liv för dem om det behövs – medan vi invandrare bara vill öppna en dialog med svenskar. Snacka om kulturkrock. Det är som att försöka para ihop en vegan och en BBQ-entusiast.

Men skulle du verkligen ha gjort samma sak om det var svenskar eller amerikaner som ville ha hjälp? Vad tycker du egentligen om oss? Jag skulle definitivt smälla hela tårtan rakt i hans ansikte och låta killarna göra sin grej. Den galne prästen, alltså!

Men vänta nu! Andersson, han kanske hade sina heliga tankar. Kanske han redan visste att vi människor bara är bra på att sabba för varandra istället för att hjälpa. Det kanske var därför han ville ha Gud istället för den där lilla apan. Men å andra sidan, Gud släppte ju oss fria. Och han fattar verkligen inte varför vi människor krigar och dödar varandra utan någon som helst anledning. Om vi nu ska slåss, åtminstone som djur, där det finns en anledning – de dödar varandra för att äta. Men vi människor? Vi dödar för nästan ingenting. Har du själv funderat på det? Det är ju galet.

Och på tal om språk: Har du någonsin träffat en fransman eller en tysk som skulle bry sig om att hjälpa dig på ett främmande språk? Nej! De är stolta över sitt språk och låter dig känna det. Men här i Sverige? Här tänker man helt annorlunda. Man ser sig själv ett par steg över oss som inte pratar engelska – även om det är på ett sådär diskret, "vi-är-så-ödmjuka"-sätt. Ironin är påtaglig.

Så, vad gör vi nu? Kanske startar vi en supportgrupp för alla som fastnat mellan världarna, där vi kan prata om våra känslor... på vårt eget språk, förstås.

Jag ville bara ha lugn och ro. Ett ställe där jag kunde sitta still och inte höra ett enda ljud. Jag önskade att alla människor var långt borta, att jag slapp tänka på jobbansökningar, min krympande sparkassa eller andras problem och bekymmer. Bara jag och mina tankar. Jag ville tänka högt, prata för mig själv – kanske till och med skrika rakt ut, utan att någon vågade säga något.

Jag var besviken. Arg. När jag såg mig omkring insåg jag var jag hamnat. Mitt på en kyrkogård. Nämen, titta – rätt plats vid rätt tillfälle, ändå. Här var det tyst. Alla höll mun och lyssnade när jag började tala. Jag måste säga att jag gillade stämningen. Kanske var det en aning... kylig publik, men ändå! Jag tänkte: *Här blir jag kvar. För evigt. Mina nya kompisar och jag.*

Jag pratade och ventilerade. Sa allt jag velat säga till någon, till ingen. Men timmarna gick, och kylan började krypa in i märgen. Mörkret lade sig som en filt över världen. Nu stod de där, de döda, och såg på mig när jag insåg sanningen:

Jag kommer inte klara av att hålla mitt ord. Jag måste lämna.

Jag kunde nästan höra dem fnissa när jag reste mig och huttrande började gå. "Du lämnade oss", skulle de viska. Och kanske hade de rätt. Men jag lovade dem att komma tillbaka. Inte än, men snart.

Så jag satte mig ner en stund till, trots att det var iskallt. Tiden kröp mot två på natten, och kyrkogården låg öde. Eller kanske inte så öde som jag trodde. Kanske var det någon där, i skuggorna, som också gillade stämningen.

Jag måste hitta vägen ut. Hur i hela friden hamnade jag här? Var det någon som körde mig hit? Jag minns inte. Och vad är det med mina tankar? Har jag tappat förståndet? Är jag... död? Nej, sluta! Jag är inte död. Jag känner ju kylan bita i kinderna. Jag ser mörkret omsluta mig. Och det viktigaste: jag går.

Jag ser mina egna fötter röra sig framåt, ett steg i taget.

Mitt i mina tankar – PANG! – en bil dyker upp ur mörkret. Strålkastarna är så starka att jag måste kisa. Jag ser inte ens vem som sitter bakom ratten. Bilen kommer rakt mot mig. Jag fryser till, som om hjärnan och kroppen inte kan enas om vad de ska göra.

Vem kör egentligen runt här, mitt i natten? Kanske någon som jag – någon som också är trött på allt. När bilen passerar, fångar jag en glimt av föraren. Det är en kvinna. Hennes ansikte är blekt, nästan som ett spöke. Hon ser rakt på mig och... ler. Men inte ett glatt leende – det är tragiskt, som om hon bär hela världens tyngd på sina axlar.

Och sedan... hon bara kör förbi. Jag står kvar, skräckslagen och stirrar efter henne. Det går några sekunder innan jag fattar vad som händer. Vad gör hon här, ensam, mitt i natten? Och varför känns det som att jag måste följa efter?

Jag börjar springa, mina fötter dundrar mot den kalla asfalten. Men bilen försvinner in i mörkret. Jag ser mig omkring, panikslagen. Och där, långt borta, ser jag ljuset från hennes strålkastare igen. Jag närmar mig försiktigt. När jag kommer fram är dörren öppen – men ingen sitter i bilen. Det är en äldre modell av en Mazda.

"Hallå?" ropar jag, min röst skälvande. "Hallå, var är du? Behöver du hjälp?"

Tystnaden är så tät att jag nästan kan höra mitt eget hjärta slå. Det är som om hela världen håller andan.

"Snälla, säg något. Jag kan hjälpa dig," försöker jag igen, men det är uppenbart att ingen tänker svara.

Eller... kanske det är jag som behöver hjälp?

Jag suckar och börjar backa undan, blicken fortfarande fäst på den tomma bilen. "Okej. Du kanske inte behöver hjälp, eller så finns du inte ens på riktigt. Förlåt att jag störde," mumlar jag och vänder mig om för att gå.

Men frågan gnager i mig: vad gjorde en kvinna här, mitt i natten, ensam bland... döda?

Jag letade i tidningarna nästa dag. Ingen rapport om försvunna personer, ingen bilolycka, inget ovanligt överhuvudtaget. Bara vardagen, som om ingenting hade hänt.

Och ändå kan jag inte släppa hennes ansikte – det bleka, sorgsna leendet.

Vem var hon? Och varför känns det som att hon fortfarande tittar på mig?

Jag arbetar nu som lärare på en liten skola i Angered, där nästan alla elever har utländsk bakgrund. Mina kollegor gör ett fantastiskt jobb med att stötta eleverna, särskilt i högstadiet. De är otroligt engagerade i att hjälpa eleverna att lyckas med både sina studier och sina dagliga rutiner. Men utmaningarna är många. Många vårdnadshavare har svårt att hinna med eller saknar insyn i sina barns skolgång, ofta på grund av stora familjer eller andra omständigheter. Det händer ibland att föräldrarna lägger ansvaret på skolan när deras barn inte når målen.

En av de största svårigheterna vi står inför är att bygga en kultur av respekt och ansvar bland eleverna. Det förekommer beteenden som är destruktiva – elever som förstör skolmaterial, röker på skoltid eller kränker varandra. Det händer till och med att de ritar kränkande teckningar eller hotar andra. Dessa utmaningar gör vårt uppdrag extra viktigt, men också svårt.

Vi lärare kämpar dagligen för att ge eleverna en stabil grund och för att hjälpa dem att bli positiva samhällsmedborgare. Jag tror dock att det krävs mer omfattande insatser – inte bara i skolan, utan i hela samhället – för att vända utvecklingen. Det behövs ny forskning och bättre verktyg för att hantera de här komplexa frågorna. Sveriges framtid formas i klassrummen, och det är avgörande att vi arbetar tillsammans för att ge alla barn en chans till en bättre framtid.

Vi pratar om allt: demokrati, våld, polisen, rättssystemet, folket, kultur, integration – ja, rubbet. Och vi pratar själva, för oss själva. För vem finns kvar att prata med? Svenskarna har checkat ut från skolan. Eller kanske är det vi som checkat ut från dem?

Eleverna säger det rakt ut: "Svenskar drar sig undan." Ingen behöver ens peka ut det, alla ser det. Det är som en tyst signal: "Vi vill inte." Och nu gör vi likadant. Ingen vill längre umgås med någon som inte vill vara där.

"De är egoistiska", säger eleverna. De ser verkligheten, och den är svår att missa. Det handlar inte om ord, det handlar om vad man gör – eller kanske snarare, vad man inte gör.

Och politikerna! De ropar högt om demokrati, integration och massa skit– och drunknar i papper. Mer papper, mindre action. Är vi ens på rätt spår, eller har vi fastnat i en rundgång av kommittéer och mötesprotokoll?

Det är verkligen både ironiskt och slående att den svenska

Nobelkommittén, som ofta framhäver sig själv som en symbol för rättvisa och mänskliga rättigheter, valde att ge Nobelpriset för fred till Jimmy Carter år 2002. Den 39:e presidenten i USA hyllades för sitt "decennielånga engagemang för fredliga lösningar på internationella konflikter", samt för att ha främjat demokrati och mänskliga rättigheter. Men kanske borde politikerna ha tittat lite närmare på de osynliga trådarna som han drog i under sin tid i Vita huset.

För det var faktiskt Carter som spelade en viktig roll i att hjälpa islamister störta Irans tidigare regim 1979. Och resultatet av detta – ja, det var en blodig revolution där tusentals, om inte hundratusentals, människor mördades i religiösa utrensningar. Minst 500 000 iranier, många av dem judar, kristna och bahaier, men även muslimer som inte passade in i den nya religiösa ordningen, avrättades.

Bland de som mördades fanns också många intellektuella, konstnärer, författare och kommunister – personer som kämpade för en mer sekulär och öppen samhällsordning. Dessa människor blev offer för den brutala utrensningen under den nya islamistiska regimen. Regimen ersattes av en teokratisk diktatur som nu är känd för sina brutala metoder och sitt omfattande brott mot mänskliga rättigheter. Iran, som en direkt konsekvens av denna förändring, blev ett av världens största exportländer för flyktingar och hemlösa.

Så visst, det är svårt att inte undra om Sverige egentligen är så självständigt i sina beslut som vi gärna vill tro. Den lilla nationen, som ofta framställer sig själv som en moralisk vägledare, verkar gång på gång vara en bricka i ett större geopolitiskt spel där engelsktalande stormakter som USA dikterar agendan. I det här fallet verkar det som om den svenska Nobelkommittén inte riktigt har haft friheten att fatta egna, oberoende beslut, utan snarare följt de riktlinjer och intressen som dikteras av stormakter som USA. Och det får en att fråga sig om detta verkligen var ett pris för fred, eller om det var ytterligare ett exempel på hur politiska beslut på hög nivå döljer de verkliga konsekvenserna av sådana handlingar.

Titta på dagens Sverige och gör en jämförelse: Fängelserna verkar utvecklas i rasande fart, medan skolorna står och stampar. Om du jämför hur mycket resurser och fokus som läggs på att bygga ut och modernisera fängelseverksamheten, och ställer det mot de förhållanden vi ser i många skolor, så får man en ganska oroväckande bild. Fängelser får nya byggnader, teknik och förbättrade förhållanden, medan skolorna ofta kämpar med gamla lokaler, brist på resurser och hög arbetsbelastning för lärarna. Vad säger det om hur vi prioriterar? Ska vi verkligen vara bättre på att hantera de som har kommit snett än de som försöker forma framtiden på rätt väg?

Och invandrarna, säger ni? Men hallå, många av dem är födda här, uppvuxna här, har till och med sprungit samma terränglopp i skolidrotten som du. Ändå får de höra att de inte hör hemma. Det är inte deras integration som fallerar – det är vårt samhälle som fortfarande vadar runt i rasismens lerpölar. Kanske är det dags att lägga ner pekfingret och istället plocka upp spegeln?

Integration i Skandinavien kan ibland kännas som en omöjlig ekvation. Här lever människor i en annan tidsrytm – en där tanken på att skaffa barn och skapa nya generationer verkar ha hamnat i bakvattnet. Samhället har nått ett slags existentiellt vägskäl, nästan som slutet av en epok i livets stora skede. Värderingar som en gång var fundamentala har långsamt förlorat sin kraft och plats.

Det är lätt att döma detta folk, men det vore inte rättvist. De har redan brottats med och accepterat en djup insikt: världen är i grunden meningslös. "Du, jag, vi, oss" – sådana begrepp har tappat sitt värde. Här möter vi ett folk som inte bara lever med ensamhet, utan ibland till och med välkomnar den som en personlig uppenbarelse.

Kanske är detta den högsta graden av mänsklig reflektion: att förstå att ensamhet är en del av vårt väsen, en plats där man kan utforska sin egen existens utan distraktioner. Det är inte deportation, även om det kan kännas så. Det är snarare en tyst revolution – ett avsked från det kollektiva för att möta sig själv. Att möta sig själv, ja, och så mycket av… allt.

Herregud. Långt kvar. Varför blir jag sjuk just nu, samtidigt som halva Göteborg verkar ha samma idé? Eller tvärtom – varför måste alla bli sjuka när jag blir det? Jag suckade högt. Orkar inte. Smärtan någonstans mellan naveln och… ja, du fattar. Det kändes som en knivskarp gåta som kroppen ställt till mig.

Du har nog gissat var jag är, eller hur? Jo, Östra sjukhuset, akutmottagningen i Göteborg. Jag sitter där, på den hårda stolen i väntrummet, och låter blicken vandra mellan de andra. Ett slags live-dokumentär om människor mitt i sina mest prövande stunder.

En kvinna lutar huvudet mot sin mans axel, ögonlocken tunga av trötthet. En annan person går fram och tillbaka i det lilla rummet, som om rörelsen kunde skynda på läkarnas tempo. Utanför pratar någon högt på arabiska i mobilen – *grälar han?* – rösten skär genom den stumma väntan. Jag blundar för en stund och försöker tänka. Det kan väl inte vara matförgiftning? Vad *är* det då?

När jag öppnar ögonen möts jag av en annan blick. En ensam gravid kvinna sitter mitt emot mig. Stackars människa. Hon ser ut som om hon håller på att tappa hela sitt inre ljus, blek som en staty, händerna krampaktigt på magen. Men det är hennes blick som får mig att stanna upp. Hon stirrar rakt på mig. Så där som vissa människor gör på stad, på spårvagnar, när de tittar på en som om de såg rakt igenom dig.

En märklig tanke slår mig: Är hon ens här på riktigt? En ängel? Eller en utomjording? Du vet, sådana som dyker upp ur ingenstans, försvinner lika snabbt, och lämnar en med känslan av att något viktigt hände, men du vet inte vad. Kanske ser jag henne igen någon annanstans, men jag kommer inte minnas att det är hon.

Och så finns den där känslan – du vet, när du är på en plats som känns bekant fast du aldrig varit där förut. Som om du levt den här stunden förut, fast du inte kan sätta fingret på hur eller när. Väntrummet blir till en bubbla av tid och minnen som inte riktigt är mina.

Jag försöker skaka av mig tankarna, men hennes blick är kvar i mig, som ett eko.

Varför stirrar hon på mig? Kanske tycker hon att jag ser bekant ut? Eller så är det bara jag som inbillar mig. Jag försöker ignorera henne och låter blicken vandra till de som arbetar på andra sidan av den glassiga väggen. Där går de omkring, lugna och metodiska, som om tiden inte existerade för dem. De har ingen aning om vad vi här ute, de akut sjuka, går igenom.

Jag skulle vilja ha världens största röst just nu. Skrika så högt att hela sjukhuset skakar. *"Jag har ont, idiot! Hör du inte?*

Ont! Fattar du?!" Men nej, jag vågar inte. Här vågar man inte höja rösten, för då ringer de vakterna snabbare än en blinkning. Och jag har verkligen ingen lust att bli utkörd eller hamna i någon slags scen just nu.

Så jag sitter kvar, tyst och spänd, med smärtan bultande som en tickande bomb i kroppen. Den där kvinnan stirrar fortfarande. Det känns som om hon ser rakt igenom mig, rakt in i mitt fördolda kaos. Kanske tänker hon precis samma sak – att skrika men inte våga.

Nummervisaren blinkar till – *mitt nummer nu.* Äntligen, efter två och en halv timmes väntan och lidande. Jag borde känna lättnad, men istället sköljer en märklig tanke över mig: Jag skulle vilja ge min plats till någon som ser ännu sämre ut än jag. Någon som verkligen behöver det. Men det går inte. Inte här. Här måste man vara grym, kämpa för sin tur.

Det här är ingen film, där hjälten offrar sig för andra i en storslagen gest. Det här är verkligheten, där smärta är egoistisk och överlevnad är ett krav.

När jag reser mig för att gå in, slår en annan tanke mig, en nästan absurd fråga i mitt dåligt fungerande huvud: *Hur hinner folk i filmer skriva testamente eller säga meningsfulla sista ord när de håller på att dö?* Jag har knappt kraft att säga ett enda ord just nu. Som sagt, det är bara film.

I filmer är det alltid så dramatiskt, med gigantiska scener och känslor som strömmar över publiken som en våg. Folk gråter framför skärmen åt den där tragiska episoden i *Titanic*, där varje liten tråd av dramat är perfekt regisserad. Men här, i verkligheten? Här skrattar de på andra sidan glasväggen. Dricker kaffe. Ibland hörs ett högt, hjärtligt skratt, som om ingenting av det vi går igenom på den här sidan existerar.

Och jag? Jag är mitt i verkligheten, inte på någon scen. Ingen kamera rullar. Min smärta och det där numret som blinkar.

En gullig svensk tjej dyker upp och ler vänligt. Hon tar mig till ett annat rum, ett lite mindre och kallare. Det är dags för rutinfrågor. Hur länge jag haft ont, om jag är allergisk mot något, om jag röker – den vanliga ramsan. Sedan mäter hon blodtrycket och nickar kort.

"Doktorn kommer alldeles strax", säger hon innan hon försvinner ut och lämnar mig ensam.

"Alldeles strax" är tydligen ett relativt begrepp här, för det dröjer nog minst tjugo minuter innan dörren öppnas igen. En man kliver in, och jag kan inte låta bli att notera hans oreda. Håret ser ut som om det inte sett en kam på veckor, och hans skägg är så långt att det nästan klättrar ner över halsen. Han ser disträ ut, som om han har en hel roman av obesvarade frågor i huvudet.

Han tar fram sitt stetoskop och lyssnar på mitt hjärta. Jag blundar. *Hoppas han inte hör vad mitt hjärta verkligen vill säga,* tänker jag. För där inne ekar minnen från gamla tider, hemligheter och skam som jag helst skulle vilja gömma för alltid.

Och så tänker jag på den där typiskt svenska frågan: "Vad har du på hjärtat?" Den dyker upp som en ironisk kommentar i mitt huvud. Nej, tack. Jag är inte här för att ventilera mina innersta tankar. Jag är här för att överleva, inte för att dela livsfilosofier med någon som inte ens har hunnit kamma sig.

Nu står jag på toaletten med ett litet sil i handen, toppat med en tratt. Uppdraget? Att kissa och samtidigt försöka fånga den där lilla, jävla stenen från mina njurar. En sten jag själv skapat, förstås –

tack vare energidrycker, socker, och en osund kärlek till salt. Jag står här och tänker att det här kanske är det mest spännande uppdrag jag någonsin haft. Men inte på ett bra sätt.

Det känns som en duell i en vild västern-film, bara att jag är utan pistol. Om jag hade haft en, skulle jag ha skjutit stenen direkt. Utan rättegång, utan någon chans till försvar, och framför allt utan att slösa skattepengar på åklagarens fika. *Bang, bang!* Så enkelt. Men nej. Istället står jag här, ansikte mot ansikte med smärta och frustration.

Det är nästan löjligt. Hur kan en pytteliten sten få en kropp som min – stor, stark, en gång stolt – att vika sig dubbel av smärta? Hur kan något så litet bli en sådan tyrann, en terrorist som krossar mina annars oskyldiga celler? Celler som levde i ett lugnt och harmoniskt samhälle, tills den här lilla jäveln dök upp och kaos utbröt.

Jag svettas, kallsvettas. Jag kryssar på plats som en höggravid kvinna i nionde månaden, väntar och väntar. *Kom ut om du vågar,* tänker jag. Men stenen leker bara katt och råtta med mig, där inne i magen. Den vägrar ge sig.

Jag försöker pressa, försöker överlista den. Ut med dig. Men ingenting händer. Uppdraget misslyckas. Och när jag ger upp för den här gången, känner jag hur svetten rinner nerför ryggen. Stenen har vunnit dagens rond. Men det här är inte över. Inte än.

Jag går tillbaka till väntrummet. Där sitter fortfarande alla akut sjuka människor, fast förankrade i sina platser som statyer i väntans tysta helvete. Men... den där kvinnan. Hon följer mig med blicken, samma intensiva stirrande som förut. Jag sätter mig på samma plats som tidigare, och hennes ögon lämnar mig inte. Det är som om hon håller fast mig, vägrar släppa taget.

Och då händer det. Efter bara några sekunder faller hon ihop på golvet. Hennes kropp slår mot det hårda underlaget med en dov duns. Jag reagerar instinktivt, kastar mig upp och rusar mot den glassiga väggen. Jag bankar hårt. *"Hon behöver hjälp! Hon är medvetslös!"* ropar jag, men det känns som om mina ord drunknar i det sterila, tysta kaoset.

Ingen annan rör sig. De svenska sjuka sitter kvar, lugna, nästan apatiska, som om de betraktade en helt vanlig scen i vardagen. Det är bara jag som agerar. Bara jag som bryr mig.

Jag har sett det här förr. Jag har bevis. Det finns situationer där ingen svensk rör ett finger för att hjälpa. Vill du se? Gå in på YouTube och sök efter kortfilmen som heter *"I am alone"* med mitt namn. Där får du se hur det är, svart på vitt.

Svenskar älskar verkligen inte när du går före dem i kön. Deras blickar är som små laserstrålar som bränner genom din själ, och de suckar så högt att du nästan kan känna den kollektiva frustrationen i luften. Det är som om du just brutit mot en oskriven lag, en helig svensk tradition. De gör sitt bästa för att inte visa sin irritation, men du ser det i deras ansiktsuttryck – en blandning av förvåning, förakt och en lätt känsla av att världen håller på att gå under.

Det är som att du inte bara har klivit före i kön, utan du har också stulit deras sista kopp kaffe och nu hotar du att rubba hela samhällsordningen. Hela deras värld har ställts på ända. Men vad gör du? Du håller ditt huvud högt, för du vet att det här är en liten kamp du har vunnit, trots att du innerst inne undrar om du precis har begått det största brottet i svensk historia.

"Du ska följa med", säger sjuksköterskan till mig. De lyfter kvinnan på en bår och rullar henne snabbt mot intensivavdelningen. Läkaren är redan där, redo, och börjar genast ställa en massa frågor. Jag står där som ett frågetecken. Jag fattar ingenting. Av någon anledning verkar de tro att jag är hennes man.

Hon öppnar ögonen, långsamt. Våra blickar möts. Jag försöker säga något, men orden fastnar. Hon blundar igen, som om hon nu är nöjd. Som om min närvaro är tillräcklig. Men varför? Varför skulle jag vara viktig för henne? Jag förstår inte.

Läkaren börjar ställa fler frågor. Jag försöker lyssna, men då säger kvinnan plötsligt något. På persiska. "Ja, sista månaden", säg till läkaren. Jag fryser till. Hur visste hon att jag talar persiska? Har jag pratat högt igen, utan att ens märka det? Tankarna snurrar i huvudet.

De flyttar henne till förlossningsavdelningen. Jag följer med, oförmögen att lämna. Hjälper till så gott jag kan, försöker få henne att sitta upp, även om hon fortfarande är svag. Mina händer landar under hennes axlar, som vilar mot de två pelarna i båren. Jag känner tyngden, både hennes och min egen. Plötsligt hörs en skarp röst: "Nej, inte så!" säger sjuksköterskan högt. Jag fryser till, känner hur värmen stiger i mitt ansikte. Jag hade varit helt dum. "Det skulle fötterna ligga där, inte axlarna. Hon ska föda genom vaginan, inte genom munnen, din dumma Vahid!"

Det känns som om jag sjunker genom golvet av skam. Jag försöker snabbt rätta till min position och undviker sjuksköterskans blick. Hur kunde jag vara så klantig? All min uppmärksamhet hade försvunnit bort från det viktigaste, och istället var jag helt snurrig i den här oväntade situationen. Jag vill bara sjunka undan, men måste fokusera. Jag vill inte vara den som gör allt svårare. Jag ser med öppna ögon hur stor bristen på personal är på sjukhuset.

Den okända kvinnan pekar på sin handväska. Jag sträcker mig fram och ger den till henne. Hon öppnar den långsamt och visar sin legitimation. Jag fryser till en gång till när jag ser hennes migrations-ID-kort. Hon är asylsökande, det ser jag på kortet. Jag ger det till sjuksköterskan utan att säga något. Nu förstår jag varför hon stirrade på mig. Hon behövde hjälp.

"Khobi?" frågar jag på persiska. Det betyder "mår du bra nu?" "Ja, lite bättre", svarar hon, men jag ser rädslan i hennes ögon. "Jag är rädd. Lämna inte mig ensam här."

Jag tvekar en sekund och frågar försiktigt, "Men får jag fråga, var är din man då?"

"Han är efterlyst", säger hon tyst. "Han stod där ute, utanför väntrummet, och pratade i mobilen. Ingen kom innan dig. Jag visste att du skulle hjälpa mig."

Jag rynkar på pannan, funderar för en sekund och säger, "Men vänta lite... han pratade arabiska."

"Nej, det var på persiska", svarar hon med ett litet leende. Och då slår det mig – jag borde ha märkt skillnaden. Hur kunde jag inte höra det? Det är så stor skillnad mellan språken. Vi är perser, de är araber. Kanske skulle jag behöva prata med en psykolog om det här, för något var klart fel med min uppfattning.

"Kom och kolla!" ropade sjuksköterskan åt mig. Hon stod där, lutad över den okända kvinnans kropp, och tittade rakt på hennes underliv. Jag kände en intensiv obehagskänsla. Oj nej... jag tittade snabbt på kvinnan, som nu hade namnet Parasto. Hon drog långsamt det vita lakanet över sitt huvud och gömde sitt ansikte.

Jag ville skrika, säga att jag inte är hennes man, och absolut inte ville vara med om något så personligt. Men jag tystnade, rädd för vad som kunde hända om de visste att vi inte var ett par. Jag kunde föreställa mig alla möjliga problem som skulle kunna uppstå, och jag kände mig osäker på vad som egentligen var rätt att göra. Jag visste inte om jag borde ingripa eller om jag bara skulle lämna rummet. Rädslan satt i mig – rädslan för missförstånd och rädslan för att vara i en situation jag inte var förberedd på.

Nu är det min tur att stirra rakt på Parasto. Men inte på hennes ansikte, utan på hennes privata delar. Det känns som om hon har ett stort öga där nere som stirrar tillbaka på mig och tänker: "Ja, jag vet vad du tänker." Det är som en surrealistisk TV-show jag inte riktigt har anmält mig till, men här är jag, fast i en scen jag gärna skulle spola framåt.

Jag hör nu att hon lider av smärta, som om någon försöker starta en gammal bilmotor som hackar. Och så börjar det öppna sig – inte som nya skor, utan som när man försöker byta kanal på TV:n men istället slår kontrollen i väggen för att den är borta!

Och här står jag, försöker hålla masken, men jag är inte helt säker på om jag ska vara här eller om jag ska börja dra några dåliga skämt för att lätta på stämningen. För den här situationen är en sådan där jag vill vara professionell, men samtidigt vill jag skrika: "Kan någon ge mig en paus här?" Men istället står jag där som en fågel i en storm, inte riktigt säker på om jag ska hjälpa till eller bara backa bort och be om en kopp kaffe.

Tiden verkar ha stannat helt, som om världen omkring mig har tappat sin rytm.

Parasto skriker av smärta, och det känns som om hela sjukhuset andas med hennes plågor. Hur kan Gud vara så säker på att han har skapat oss? Hur kan han tänka att han har rätt att bestämma över oss så här? Det är både skamligt och fullständigt egoistiskt att ens tänka på det sättet.

Men här står jag, och mitt i allt detta kaos får jag en bisarr insikt. Jag ser och känner varje ljud och varje bild omkring mig, och på något sätt är det som om Parasto själv har blivit Gud. Hon, inte någon annan, har kraften att skapa liv. Inte en högre makt eller någon gudomlighet bortom oss. Nej, det är hon, i denna smärta, som är själva skapelsen. Det är hon som ger och tar liv i denna stund. Punkt slut.

Ironiskt, eller hur? Här står vi och kämpar för att förstå meningen med livet, medan vi, som människor, faktiskt är de som skapar verkligheten i varje ögonblick – genom våra handlingar, våra val, och ibland genom de smärtsamma prövningarna vi tvingas gå igenom.

Jag skulle vilja stoppa handen på barnets huvud och trycka det tillbaka, samtidigt säga: "Här finns inte något nytt, bara samma gamla trams." Kanske som en färgglad veckotidning som fångar din uppmärksamhet för en stund, men efter en dag, en månad eller ett år är den bara full av tomma ord och illusioner. Men hur tänkte Parasto och hennes man egentligen? Hur kan man ens tänka på att skaffa barn mitt i den ovisshet och osäkerhet de befinner sig i? Ni kan inte ens stanna här, så varför skaffa ett liv, ett barn utan framtid, utan hopp, utan plan?

Men på något sätt förstår jag det. De skaffar barn av samma skäl som föräldrar i det förlorade myrlandet gör – för att rädda sig själva. Det nya barnet ska vara deras frälsare, den som hindrar dem från att sjunka längre ner i jorden, från att försvinna. Jag vet att Sverige inte bara ger uppehållstillstånd för att någon fått barn här. Det är inte så enkelt, och tyvärr gör det bara situationen ännu mer komplicerad. Men det finns alltid de som tror på de felaktiga löftena, de som tror på rykten som säger att allt löser sig bara för att man gör ett barn. Som islamister som säger "Det som Allah ger, ger han också bröd." Men verkligheten är långt mer komplicerad än så.

Nu sitter jag här på ett café och skriver på sista sidan av min bok. Fast, vänta lite – sista sidan? Det kan ju inte vara sista sidan. Inte när historierna fortsätter leva i mig, i dig, och långt efter att vi alla gått vidare till... ja, vart det nu är vi ska.

Men innan vi lämnar den här "sista" sidan, låt mig berätta något märkligt:

Det var tre murar som stod på rad. En person gick fram till den första muren och frågade:

– Hur många murar finns bakom dig?

Muren svarade:

– Två.

Personen gick vidare till den andra muren och ställde samma fråga.

– Hur många murar finns bakom dig?

Den här muren, lite sur, svarade:

– En.

Så kom personen till den tredje och sista muren.

– Hur många murar finns bakom dig?

Muren log (ja, tydligen kan murar både prata och le) och sa:

– Fyra.

Fyra?! Hur kan det ens stämma? Och, ännu viktigare, hur pratar man med en mur? Är det något vi missat på språkkursen?

Kanske är världen inte bara rund utan också full av mysterier som vi aldrig helt kan förstå. Så, tills vi ses igen – om vi någonsin gör det – låt oss fortsätta undra, skratta och säga "hur" minst tre gånger om dagen.

Sara

Denna berättelse är absolut *inte* för läsare under 15 år – verkligen, vi menar det! Som om dagens filmer och böcker någonsin bryr sig om åldersgränser, eller hur? Så varför inte haka på trenden och locka in ännu fler läsare? Det är ju så man gör, eller vad säger ni?

Den är rå, verklig och ofiltrerad. Baserad på verkliga händelser, tar den dig rakt in i en värld som många helst vill blunda för. Men tänk dig att detta inte bara är historia – det händer här och nu, nära dig, nära mig, kanske bara ett stenkast bort. Är du redo att öppna ögonen och möta det som andra väljer att ignorera? Då är den här boken för dig.

Sara är en person du kanske möter varje dag, på väg till eller från jobbet. Hon ser ut som vem som helst, kanske till och med som du eller jag. Hennes rörelse genom staden är självsäker, men det är en självsäkerhet som döljer en tyst kamp. Blickar följer henne, och det är inte bara för att hon sticker ut – det är för att de ser på henne som något annat. Sara har ett jobb, precis som alla andra. Men – och här är sanningen – hennes jobb är inte som vårt. Det är inte ett vanligt jobb.

Sara säljer sig själv. Hon säljer sitt leende, sina ögon, sina händer. Hon säljer sin kropp – en kropp som människor tittar på och förväntar sig att få tillgång till. Det finns de som ser det som en "frihet", kanske för att de inte förstår. De ser på bilder av kvinnor som henne i filmer eller på sociala medier, och tror att det handlar om njutning och makt. Men verkligheten är något helt annat. Det är inte frihet. Det är en fälla.

Sara vet att hennes kropp är objektifierad på ett sätt som samhället hyllar i filmer och reklam, men när hon går genom gatorna på egen hand, är hon plötsligt en skamfylld figur. Dubbelmoralen är påtaglig. De som uppskattar hennes kropp på avstånd vänder bort blicken när de ser den på riktigt, där den står ensam och inte som en idealiserad bild i reklamen.

Sara tänker på hur livet en gång såg ut i ensamhet. Hon drömde om något annat – kanske ett jobb, ett hem, kanske till och med kärlek. Men ingen av de drömmarna blev verklighet. I stället står hon här, på gatan, där hennes kropp är allt. Men någonstans där, under ytan, vet hon att hon är mer än detta. Mer än begären som andra projicerar på henne. Och en dag ska hon visa världen det.

Sara, jag vet inte hur eller varför hon har hamnat där hon är idag. Jag vet inte vad som har lett henne till den här punkten –

om det är beslut hon har tagit medvetet eller om hon var tvungen att göra det för att överleva. Jag vet inte heller varför hon fortsätter att sälja sig själv. Vad håller henne kvar i denna värld, där hennes kropp inte är hennes egen utan något som andra tar för givet? Jag vill inte heller ställa frågor om varför hon inte söker hjälp från socialtjänsten eller något annat stöd. Kanske finns det skäl jag inte förstår, eller kanske handlar det om en känsla av hopplöshet eller rädsla för att bli ännu mer nedvärderad.

Sara och hennes kollegor arbetar som samhällets *ventilationssystem* – ja, säkerhetsventilation för att vara exakt. De tar emot män som håller på att kollapsa under trycket av sina liv. Män som drivs till randen av utmattning av, hör och häpna, kvinnors påstådda "egotism". Deras insats? De gör livet lättare i ett land som tycks ha ritats och designats exklusivt för kvinnors fördel.

De tar sig an de allra tyngsta och farligaste samhällsfrågorna – utan någon som helst erkänsla.

Jag hatar mig själv för att jag sitter här och ger ris och råd, när jag egentligen vet att ingen i Saras situation vill höra det. Vad spelar det för roll när livet redan har gett henne den här krossande verkligheten?

En gång, efter ett sexjobb, vägrade kunden att betala henne fullt pris. Sara blev rasande, kallade honom och hans familj för horor, och ur sin frustration sprutade orden ut. Men vad gör det för skillnad? Kunden, förbannad, tog ut hennes bilnyckel och hennes lägenhetsnyckel och kastade dem i vattnet. Han skickade iväg dem med flödet, bortom återvändo. Och vet du var? På Rosenlundsgatan i Göteborg. En plats som många inte ser, men där den här världen faktiskt existerar.

Stackars Sara, som inte ens har något skydd. Inte ens sina nycklar kvar. En äldre modell av en Mazda. Hennes bil speglar precis vem hon är. En enkel och sparsam Mazda, byggd för att inte kosta för mycket att köra. Precis som Sara själv, som ständigt sänker sitt värde och säljer sig till reapris, bara för att locka kunder att återvända.

Sara är långt ifrån ensam om att sälja sin kropp, även om det kan verka så. Många kvinnor gör det i tysthet, under ytan – bakom stängda dörrar och på kontor där affärerna inte syns. Skillnaden är att Sara vågar stå för det öppet, på gatan, trots att hon vet att poliser och myndigheter, som verkar mer intresserade av att upprätthålla en moralisk fasad än att förstå henne som individ, jagar henne. För samhället är hon inte en människa, utan en "säkerhetsrisk" – eller kanske snarare dess osynliga ventil, som alla låtsas inte behövs.

Sara står i centrum av denna berättelse, men hennes liv speglar en större värld. För dem som tror att det bara är Sara som lever i denna verklighet, kan man hitta advokater, lärare, poliser och andra "uppsatta" i Saras mobiltelefon. Eller i telefonerna till de kvinnor som lever ett dyrt liv, de som hämtas och lämnas av taxi eller andra lyxiga bilar. De som tas till alla hotell i staden, i hela landet. Det är en värld som döljer sig i skuggorna, där vi alla på något sätt är en del av samma system – där alla säljer något, om än på olika sätt. Det handlar inte bara om de som är synliga, utan om alla som är en del av denna ekonomi, oavsett om de vill se det själva eller inte.

Tro inte att du kan förändra världen. Det är bara drömmar och illusioner. Och när du börjar ifrågasätta systemet, när du funderar på varför du ska betala för en lägenhet hela ditt liv, en lägenhet du aldrig kommer att äga, får du snabbt svaret: För att du inte kan förändra det. Vem har gett dessa personer rätten att äga allt och bestämma över alla? Vem är de egentligen, de som sitter på all makt?

Nej, du kan inte förändra världen. De kommer att trycka ner dig. De kommer att få dig att tvivla, att känna dig liten och obetydlig. Och om du inte följer med i deras spel, kommer de att göra dig sjuk, få dig att förlora dig själv, kanske till och med hamna i fängelse eller på ett psykhem. För vi är emot oss själva. Vi är fångar i ett system som inte vill oss väl, och vi ser på medan det äter oss levande.

Tänk inte att den som har fina kläder, ett vackert hus och alltid verkar vara så snäll och omtänksam är ofarlig. Det finns de som döljer sina verkliga ansikten bakom masken av vänlighet och välstånd. Och ja, vissa av dem är grymma. De dricker vårt blod, våra drömmar, vår frihet. Vi står för lönen till polisen och rättsapparaten, bara för att de ska skydda de verkliga parasiterna från oss. Absurt, eller hur? Att tro att du någonsin skulle vinna en rättegång mot dessa myndigheter är som att försöka simma uppströms i ett vattenfall – men lycka till! Socialen, som tagit ditt barn baserat på sina "kloka" bedömningar, har alltid ett hemligt medlemskap i klubben "Vi håller alltid med varandra". Det är ett system där rättvisa är en illusion, och dina chanser är lika stora som att snö faller i Sahara.

Du och jag, vi är små. Små som gräs under en elefants fötter. Vi har ingen makt, ingen plats i den stora världen. Och de som trodde att de kunde ändra på det, de som vågade utmana systemet, har ofta hamnat ensamma. Utanför städerna, långt bortom människorna. För de insåg att det fanns en annan, mörkare sanning – att de som försökte förändra världen till slut blev de som förlorade allt.

Allt är redan bestämt. Du tror kanske att vi tillsammans kan göra något stort, att vi kan förändra systemet eller rucka på makten. Ja, det stämmer att vi kan köpa blommor till din lärare för att visa uppskattning. Men förändra något verkligt? Nej. Du kommer aldrig att kunna påverka skolrektorns beslut, oavsett hur många röster som talar. Det händer så sällan, om ens någonsin. Det är ett faktum, inte en påstående eller illusion. De som styr har redan sina beslut fastslagna, och vi är bara spelbrickorna på deras bräde. Kom ihåg att chefer är beroende av varandra. Samvetskval, sa jag? Haha, vilket samvetskval? Det är väl knappast en del av jobbannonsen.

Året är 2015. Sverige öppnar sina dörrar för tusentals flyktingar från Syrien. Den dåvarande ministern står framför folket, tårögd och full av medlidande, medan kamerorna fångar varje sekund av det emotionella ögonblicket. Ett ögonblick som sedan förvandlas till ett monument av symbolisk godhet. Men tiden går, och Sverige står kvar med enorma utmaningar.

Alla talar om att utvisa flyktingar, men få vågar fråga: Varför inte dra av en del av ministerns generösa lön för att bidra till lösningen? En lön som, för att vara tydlig, knappast är något att bekymra sig över.

Och ärligt talat, vem bjuder hem gäster till sin lägenhet när man knappt har tillräckligt för att försörja sig själv och sin familj? Det är som att spela ett högt spel med tusentals liv och framtider – ett spel som kräver mer än tårar och medlidande på bästa sändningstid.

Det är en verklighet vi inte kan undkomma. För vi lever i en värld där de stora beslut inte fattas av oss, utan av de som har makten och resurserna att hålla oss där vi är. Och vi, vi får nöja oss med att hoppas på små förändringar, som att vi kan få några blommor till läraren. För att ändra systemet, för att utmana makten – det är en kamp för de modigaste och mest resursstarka. Och för oss andra? Vi är fast i det system som redan är byggt.

Förlåt mig, jag glömde helt bort Sara. Skit samma, hon är redan glömd av alla. Varför ska jag bry mig om henne? Vad spelar det för roll? Jag säger och gör som de flesta svenska människor gör och säger

– skit i andra och tänk på dig själv.

Förlag: BoD · Books on Demand,
Östermalmstorg 1, 114 42 Stockholm, bod@bod.se
Tryck: Libri Plureos GmbH, Friedensallee 273,
22763 Hamburg, Tyskland
ISBN: 978-91-8080-786-9